RÉPONSE A M. PASTEUR

DE L'INSTITUT

PAR

ADOLPHE BOBIERRE

Docteur ès-sciences,
Directeur de l'Ecole supérieure des Sciences et des Lettres de Nantes,
Membre de l'Académie des Sciences de Madrid.

PARIS,

Victor MASSON et fils,

Place de l'Ecole de Médecine.

MDCCCLXXI

AVERTISSEMENT.

Si j'avais été libre de choisir un titre pour les pages qu'on va lire, voici ce qu'il eût été : *Des conditions auxquelles l'enseignement scientifique doit être subordonné en France.* Mais en répondant au penseur éminent dont le travail a paru dans le *Moniteur universel,* je devais respecter le titre qu'il avait cru pouvoir adopter lui-même. Qu'on ne m'accuse donc pas d'avoir choisi un cadre trop étroit pour le sombre tableau de nos désastres; mon cœur en est trop vivement pénétré pour que mon esprit ne reconnaisse pas la complexité de leurs causes.

Monsieur,

Au lendemain de malheurs dont l'immensité deviendra légendaire et dont on peut craindre que la France n'ait pas discerné les causes avec une suffisante netteté, vous avez d'une voix noblement émue fait entendre à votre pays des vérités sévères et des reproches mérités. Il appartenait à un savant dont tous les travaux ont le double cachet de la méthode et de l'utilité de montrer à quelles conditions le sceptre intellectuel peut être conservé, — j'allais dire reconquis, — par cette France aujourd'hui déchue ; mais que d'inopportunes flatteries ou de banales jactances ne relèveraient pas de l'abîme où sa légèreté l'a fait tomber.

Notre nation, avez-vous dit, s'est désintéressée des grands travaux de la pensée ; ceux qu'elle avait chargés du soin de ses destinées se sont plu à ne voir dans les sciences que le côté de l'application, et, dans son ardente recherche de l'utile, la France a volontairement quitté ces sommets d'où sa gloire intellectuelle rayonnait naguère sur le monde.

Le temps n'est plus, avez-vous dit aussi, où l'Ecole polytechnique et le Muséum d'histoire naturelle donnaient à l'Europe cette brillante pléiade dans laquelle les noms des Prony, Malus, Biot, Gay Lussac, Poisson, Dulong, Fresnel, Geoffroy Saint-Hilaire, Cuvier, Hauy, Brongniart, brillaient d'un éclat si vif et si pur. Aujourd'hui, vous écriez-vous avec une légitime tristesse : « On ose à peine
» songer à l'état d'abaissement où serait tombée la science
» française, si des hommes privilégiés, formés seuls et
» sans maîtres officiels, n'avaient surgi du sein de la
» nation. »

Et cet abandon s'est consacré, cette abdication s'est consommée, ce mépris pour l'enseignement élevé des sciences s'est fait sentir à une époque où, selon vous, Monsieur, « *la plus grande œuvre à accomplir consiste*
» *cependant à assurer la supériorité scientifique de la*
» *France.* »

Le soin avec lequel j'ai lu et relu votre énergique plaidoyer en faveur des institutions scientifiques du pays, me porte à croire, Monsieur, que j'ai bien saisi le sens exact de vos idées et que, dans votre opinion si hautement respectable, la déchéance intellectuelle de notre patrie ne peut être conjurée que par un respect plus grand de la *science pure,* par une libéralité plus intelligente en faveur des hommes voués aux libres efforts de la pensée et au culte fervent de la nature, enfin par une orga-nisation plus vaste et moins centralisée des établissements scientifiques.

Telles sont, Monsieur, si j'ai bien compris votre argumentation, les voies dans lesquelles il faut conduire la France de l'avenir pour la rendre digne d'un passé glorieux à tant de titres, et l'arrêter sur une pente dont les statistiques de l'instruction primaire et les pompeuses promesses de l'enseignement secondaire spécial n'adoucissent pas, que je sache, les effrayantes aspérités.

Sur ces graves questions, j'ai souvent arrêté, moi aussi, ma pensée mélancolique; et dussé-je être accusé de témérité, j'éprouve le besoin patriotique d'épancher tout à la fois et mon esprit et mon cœur, en ajoutant, bien qu'indigne à tant d'égards, quelques lignes sincères à vos réflexions si profondément philosophiques.

A ceux qui seraient tentés de me demander quels sont mes titres à prendre la parole après vous dans une si grave discussion, je répondrai sans hésitation et sans fausse modestie que je les trouve dans la rectitude de ma raison et la chaleur convaincue de mon opinion.

I.

Les esprits qui se paient facilement d'apparences trouveront étrange qu'on reproche, à notre époque, de ne pas être favorable au développement de l'esprit scientifique en France. Et, en effet, toutes les ressources de la typographie et de la gravure sont consacrées, chaque année, à la publication d'ouvrages splendides destinés à l'enfance; pour elle, des esprits distingués s'attachent ingénieusement à rendre accessibles les éléments des sciences; les contes de fées et les innombrables petits livres qui charmaient les jeunes imaginations de nos pères sont désormais remplacés par de savantes dissertations sur les révolutions du globe. L'*Histoire d'une bouchée de pain*, dont on eût fait jadis une touchante légende, est devenue un thème à considérations multipliées sur la végétation du froment, la saccharification de l'amidon, la fermentation, la digestion, que sais-je encore ? A peine initié aux éléments de sa langue, l'enfant, que ses parents ne destinent pas aux carrières libérales, trouve dans un enseignement secondaire dit spécial, un but à son activité intellectuelle, quelque dévorante qu'on puisse se la figurer. Mathématiques, cosmographie, physique, chimie, agronomie, administration, droit commercial, tenue des livres, lui seront présentés, conformément à des programmes qui ont tout prévu, tout embrassé, tout résolu ; et, telle a été sous une récente administration de l'instruction publique, le zèle déployé en faveur de cette gymnastique infligée à l'enfance, qu'il s'en est fallu de bien peu que tous nos colléges communaux ne fussent transformés en établissements destinés à former ce qu'on appelait les sergents-majors de l'industrie, de l'agriculture et du commerce.

Le baccalauréat ès-sciences nécessaire aux jeunes gens qui se préparent aux écoles spéciales du Gouvernement ou à l'exercice de la médecine a été organisé, désorganisé, fait et refait à bien des reprises depuis vingt-cinq ans. Le diplôme auquel il donne droit rend possibles des études techniques. Il n'est pas nécessaire, on le sait, d'être fort lettré pour s'en montrer digne ; on s'est de plus efforcé, en faveur de certaines catégories de candidats, d'en éliminer la partie mathématique : de telle sorte que si les bacheliers ès-sciences sont généralement beaucoup moins forts en grammaire que les jeunes filles préparées aux examens du brevet d'institutrice, ils se sont, d'autre part, assimilé les matières du programme scientifique tout juste assez pour en être saupoudrés et pour les oublier au bout de quelques mois. Je parle ici du cas le plus général bien entendu et j'ajoute, comme trait caractéristique, que bien des professeurs de lycée, protestant dans leur for intérieur contre le métier de préparateur au baccalauréat au-dessus duquel leur valeur personnelle les place, s'efforcent de réagir, autant qu'il est en eux, contre une situation officielle dans laquelle ils sont transformés, de par les règlements, en *entraîneurs* de candidats.

Qu'ajouterai-je, Monsieur, aux considérations que vous avez développées au sujet de l'Ecole polytechnique et qui s'appliquent si bien à l'Ecole de marine ? Tout au plus pourrai-je constater que le haut enseignement littéraire et philosophique qui vivifie les sciences en élevant l'âme de ceux qui les cultivent ne semble pas avoir précédé, accompagné ou suivi jusqu'à ce jour la culture intellectuelle, presque exclusivement mathématique que l'Etat y a organisée. Il faut, en traitant ces questions dont le sort de la France est solidaire, parler sans ambages et sans vains ménagements pour les susceptibilités des hommes, quelle que soit d'ailleurs la juste estime que commandent leur caractère et leur mérite. Eh bien! et c'est une conviction profonde chez moi, la direction purement mathématique donnée à des esprits que n'ont pas *préparés* de fortes études littéraires, semble nuire dans la pratique des choses humaines à la rectitude parfaite des appréciations et à la logique des actions (1). J'ose affirmer qu'un

---

(1) Quoi de plus fréquent que d'entendre dire d'un mathématicien : « Il

grand ingénieur ou un habile marin serait plus grand et plus habile encore, si ses connaissances spéciales étaient vivifiées par un sentiment intime des lettres, qu'on a si justement appelées les humanités, et j'affirme de plus que les vues profondes des Pascal et des Descartes ne seraient certes pas notre glorieux patrimoine, si ces hommes illustres n'avaient pas fait planer leurs pensées au-dessus des régions inanimées où règne despotiquement la notion du nombre, de l'étendue et de la force.

Pour les Pangloss du jour disposés à soutenir, non que tout est bien, mais que tout est au mieux, les arguments en faveur du mécanisme officiel de l'enseignement scientifique sont multiples et indiscutables : à ces classes nombreuses des villes, qui réclament plus que les notions primaires et moins que les études latines et grecques, l'enseignement secondaire spécial ; à ceux qui ambitionnent la carrière militaire ou médicale, la préparation au baccalauréat ès-ciences ; à ceux enfin qui rêvent les luttes pénibles de l'enseignement, l'école normale ou les facultés et leurs grades. Que peut-on désirer de plus et de quelles objections un si admirable ensemble peut-il être l'objet ?

Certes, lorsqu'on juge cette vaste organisation en ne l'appréciant que par les circulaires ministérielles qui ont été les commentaires, on se sent disposé à accorder que le moule dans lequel on jette la jeunesse française est construit avec une profonde sagesse ; aussi

est de première force, mais il ne sait que les mathématiques ; sortez-le de là, il n'a pas l'ombre du sens commun dans les choses les plus ordinaires de la vie ! » (ANDLEY. *De l'Enseignement professionnel et de son organisation.*)

jamais n'a-t-on fait plus de bacheliers. D'autre part, les travaux publics sont immenses, les transformations de la matière en vue de notre parfait confort sont véritablement fantastiques, et la science, interprétée par les services qu'elle a rendus à la partie sensuelle et même intellectuelle de notre être, a tant accumulé de merveilles, qu'on a appelé notre siècle le siècle des sciences par excellence ; et cependant, Monsieur, avec l'autorité qui s'attache à votre nom et à vos travaux, vous jetez à la face du pays et du monde un cri d'alarme bien justifié par nos défaillances et nos abaissements ; vous vous prenez à douter de l'esprit scientifique de votre pays et vous demandez le salut de *la* science à un respect plus grand des sciences.

Le problème se réduirait-il à ces simples termes ?

II.

Rien de plus erroné, rien de plus dangereux, avez-vous dit, que cette opinion soutenue par un de nos derniers Ministres : *Qu'aujourd'hui le règne des sciences théoriques doit céder la place à celui des sciences appliquées.* Votre opinion sur ce point sera celle des penseurs qui n'ont pour objectif que le côté purement intellectuel de la science, mais *à fortiori* sera-t-elle partagée par ceux-là qui estiment avec raison que c'est en envisageant les sciences à la lumière des lettres qu'on les fait servir à l'ennoblissement des individus et des sociétés.

On aura beau développer en notre pays l'industrie et ses merveilles, on aura beau fouiller la matière et lui demander au nom de la science en quoi elle pourra satisfaire aux caprices de nos goûts blasés et de nos besoins sans cesse plus exigeants ; en vain nous produira-t-on des statistiques établissant l'importance croissante de nos voies de communication et de nos usines. Malgré ces progrès dont nous sommes si fiers ; en dépit de notre instruction primaire, dont le rôle modestement utile a été élevé dans les luttes oratoires de la politique à la hauteur d'un dogme, l'âme de la France, de cette belle France, si riche de son passé, se couvre chaque jour d'un voile plus épais et plus sombre.

Nos enfants sont savants, très-savants ; les mystères de la physiologie leur sont connus à un âge où leurs aînés balbutiaient l'histoire des peuples et s'essayaient à cette belle langue dont la prééminence fut longtemps sans conteste en Europe. De leur bagage intellectuel on a banni soigneusement, comme inutile, tout ce qui n'était pas immédiatement utile ; et confondant dans une déplorable naïveté les imperfections de notre mode d'enseignement des langues anciennes avec la salutaire influence de la littérature sur la jeunesse, on s'est follement évertué à bouleverser un terrain dans lequel la France avait fait de si riches récoltes au soleil de méthodes aujourd'hui abandonnées, mais non remplacées. Cependant, quoi qu'on puisse dire et faire, ce sera toujours le propre de ce génie latin, dont nous sommes pénétrés jusqu'à la moelle, de créer avant tout des penseurs et des missionnaires : des penseurs, livrés à ce que vous appelez, Monsieur, le culte désintéressé de la nature ; des missionnaires avides de propager dans un langage élégant et précis les vérités, fruits de nos travaux. Industriels, commerçants, spéculateurs, nous le serons dans la mesure du nécessaire ; mais, je ne crains pas de poser en principe et de prétendre avec énergie que le jour où, méconnaissant son véritable rôle dans le monde, la race latine abdiquerait les titres de sa grandeur passée pour suivre la bannière des économistes et des utilitaires ; elle aura consommé son abaissement, sans conquérir en échange et sur le terrain du positivisme une supériorité relative que ne comporte pas sa véritable nature.

De la politique moderne et de son influence sur les esprits, pas un mot ne doit trouver place dans cette lettre. Aussi bien il y a longtemps que, voyageur découragé, je me suis assis sur le bord de la route où l'omniscience des foules conduit à grands pas le deuil de ma patrie. Mais si, voulant concilier les esprits et non les diviser, je m'interdis rigoureusement l'examen de nos constitutions successives considérées dans leurs rapports avec les lettres et les sciences, il m'est bien permis de rechercher si, depuis que les lettres ont décliné, l'esprit scientifique s'est élevé.

A cette question : l'esprit scientifique suit-il la progression que sembleraient impliquer les faits nombreux révélés par les sciences ? vous avez, Monsieur, répondu catégoriquement ; et, peut-être, la sévère sentence que vous étiez si compétent à porter vous aura-t-elle fait accuser, par quelques-uns, de méconnaître une époque où les moindres exigences de nos sens sont hâtivement prévues et satisfaites grâce aux prodigieux enfantements de la mécanique et de la chimie. Il ne manque pas d'esprits, en effet, pour qui la construction des voies ferrées, la fabrication économique du sucre, de l'alcool ou du savon représentent *le progrès*. On porte aux nues la gloire d'extraire d'un vil goudron, de suaves parfums et de riches couleurs, et on voit dans de tels enfantements la preuve d'une civilisation dont le caractère réside dans des régions plus hautes et plus sereines.

De leur côté, les économistes n'ont-ils pas enseigné sur tous les tons à la race gauloise que l'homme était sur terre pour s'y procurer au meilleur marché possible la nourriture, le vêtement, les éléments du bien-être, et que les idées de patrie, de sacrifice, de dévouement aux nobles rêves n'étaient que folies dangereuses, sinon coupables, bonnes à reléguer dans le domaine où s'exerça la verve ironique de Cervantes?

Combien parmi nous se sont laissé doucement entraîner au courant d'illusions qui les portaient à confondre la multiplicité des besoins avec la richesse, la propagation des notions scientifiques avec l'esprit scientifique lui-même, la satisfaction des appétits grossiers avec le bonheur, la diffusion du bien-être matériel enfin avec l'apaisement des esprits, jusqu'à ce que les faits dans leur triste signification et les aspirations générales dans leur desséchant scepticisme aient soudain révélé notre véritable situation.

Vous l'avez dit, Monsieur, il faut s'attacher à la restauration de l'enseignement scientifique dans le sens sérieux du mot, et, sur ce point, je n'aurai pas la hardiesse d'insister après vous. Mais est-ce seulement en rendant les budgets de la science dignes de leur but, suffira-t-il de mieux répartir les foyers intellectuels, pour que la France retrouve la tradition perdue des grands esprits s'alliant aux grands caractères? Tel est le problème qui me préoccupe douloureusement et sur lequel j'ambitionne d'appeler les plus sérieuses méditations de mes compatriotes.

III.

La force d'une nation est dans ses vertus plus encore que dans ses lumières, et si les hommes de la Révolution française ont pu donner à l'époque terrible qu'ils ont traversée un cachet d'irrécusable grandeur, c'est dans leur cœur plus que dans leur érudition qu'il faut en rechercher la véritable cause. Vous avez retracé, Monsieur, les prodiges accomplis par les Monge, les Fourcroy, les Guyton-Morveau, les Berthollet; mais le patriotisme qui pénétrait les âmes de ces illustres citoyens sera pour leur mémoire un titre autrement précieux que l'effort intellectuel qui fit jaillir le salpêtre du sol et la soude artificielle de l'eau des mers. Certes, il est ingénieux de tanner rapidement des cuirs et de transformer les cloches en canons. N'oublions pas cependant que ce qui est beau entre toutes choses, c'est d'être à la hauteur de grands devoirs et de se dévouer corps et âme au salut de la patrie (1).

Mais ces grands mouvements des cœurs ne sont plus, paraît-il, de notre temps : aspirations politiques, conceptions intellectuelles, tout s'y est amoindri. Nous avons depuis bientôt un siècle inauguré les assises d'une nouvelle littérature et d'un nouvel esprit scientifique. La langue des Racine, des Molière, des Lafontaine, des Voltaire, Dieu sait ce que l'ont faite ces prétendus coloristes dont les peintures sans lignes et les conceptions sans harmonie ont si notoirement vicié le goût public. La science elle-même, malgré ses innombrables enfantements, n'a servi qu'à l'exaltation de la matière, et, comme à toutes les époques de décadence, l'érudition s'est développée en proportion inverse de l'inspiration.

---

(1) Carnot se charge de démontrer cette vérité, lorsque ayant à prononcer, comme officier du génie, un éloge de Vauban et au moment où l'on s'attend à voir sortir de sa plume une appréciation des moyens d'attaque et de défense de l'illustre maréchal, il s'attache particulièrement à peindre ses hautes vertus et son patriotisme. « C'était, dit-il, un de ces hommes que la nature donne au monde tout formés à la bienfaisance ; doués, comme l'abeille, d'une activité innée pour le bien général ; qui ne peuvent séparer leur sort de celui de la République, et qui, membres intimes de la société, vivent, prospèrent, souffrent et languissent avec elle. »

L'Etat, assumant une lourde responsabilité, s'est chargé de l'éclosion des aptitudes diverses, et, ainsi que le disait spirituellement Courrier, a organisé les sciences, les arts et les lettres, comme les droits-réunis. Or, et malgré lui, je le veux bien, si la littérature nous a donné le pathos malsain des romantiques, le théâtre n'a jamais été plus abaissé que depuis que le Conservatoire s'est chargé de nous fournir des Talma, des Fleury, des Clairon et des Contat. D'autres feront le tableau des arts modernes et nous diront si l'inspiration et le génie animent la jeunesse enregimentée de nos écoles de Paris et de Rome. Je ne suis pas compétent pour rechercher si nos armes du génie et de l'artillerie ont fourni beaucoup de Vauban (1), de Gribeauval et de Vallière; mais ce que je sais bien, et je le constate avec humiliation pour notre temps, c'est que l'abject matérialisme a fait des trouées profondes dans les rangs des savants modernes et que des intelligences d'ailleurs fort remarquables ne croient plus même « qu'en présence du désordre de la nature, » l'hypothèse d'un Dieu bienfaisant soit nécessaire.

Sur la politique, j'ai dit que je serais muet; je puis bien, toutefois, rappeler cette vérité devenue banale, qu'un administrateur digne de ce nom est devenu une rareté, et un homme d'Etat un véritable prodige. Et quant à la masse de la population, je l'avoue en toute humilité, mais j'ignore complètement si son plus grand bien-être correspond à un bonheur et à une moralité proportionnels. Je sais que M. Dupin, par un procédé fort à la mode, a donné une expression graphique de la moralité française, qu'il a

(1) Vauban fit travailler à 300 places , il en éleva 33 neuves , il conduisit 53 siéges , il s'est trouvé à 140 actions de vigueur. (*Eloge de Vauban,* par Fontenelle.)

mathématiquement évaluée en relevant le nombre des écoles primaires de telle ou telle région du pays. Mais, en regard de cette carte et sous forme de légende bien propre à désorienter les esprits à la recherche du vrai, voilà que M. Fayet, professeur de mathématiques à Colmar, établit que la criminalité augmente dans les départements les plus favorisés par l'enseignement primaire (1), en même temps que M. Duruy nous démontre, avec la rigueur bien connue des statistiques, que la justice a réprimé moins de délits depuis qu'on fait des cours d'adultes dans les villages et des conférences dans les Casinos (2).

Faut-il le dire ? il est humiliant pour une génération de se livrer à de telles discussions basées sur des malentendus.

(1) Le travail de M. Fayet comprend les années de 1827 à 1846. Voir dans le *Moniteur* des 3, 5 et 6 février 1850 le Compte-rendu de l'Académie des sciences morales et politiques et la discussion intéressante qui a eu lieu à l'occasion de ce mémoire.

(2) Au commencement de l'année 1866, M. Duruy, ministre de l'instruction publique, a publié un document intitulé : *Degré d'instruction des adultes*. Il a constaté ce degré d'instruction *en relevant le nombre des conscrits* qui savaient lire et écrire. En même temps le ministère de la justice a publié un *Compte général de la justice criminelle*, en 1864. Dans ce travail, la moralité des départements est appréciée d'après le nombre des accusés proportionnellement à la population. Or, lorsqu'on rapproche ces deux comptes-rendus, on s'aperçoit que le Cher, qui est le 84e sous le rapport de l'instruction, est le premier sous le rapport de la moralité. Les chiffres suivants ne sont pas moins significatifs :

	ORDRE DE MORALITÉ d'après le nombre des poursuites judiciaires.	ORDRE D'INSTRUCTION d'après le nombre des conscrits lettrés.
Le Tarn............... est le 4e et le		71e
L'Indre 5e		82e
Le Lot............. 9e		68e
Le Finistère........ 28e		81e

A ces chiffres, s'appliquant à des départements où les illettrés sont très-

Les choses en sont arrivées à ce point que, faute d'envisager le véritable mètre de la moralité et du patriotisme, on exalte ou l'on accuse tour à tour ce pauvre enseignement primaire bien innocent en lui-même et qu'il faudrait propager avec une persévérante ardeur, sans lui demander, au point de vue moral, plus qu'il ne peut donner. Par une même aberration, on rend les sciences responsables de

nombreux, il convient d'en joindre de non moins curieux qui s'appliquent à des départements où l'enseignement primaire est fort développé :

	ORDRE DE MORALITÉ.	ORDRE D'INSTRUCTION.
La Haute-Marne .... est le	76e	et le 2e
L'Aube	80e	7e
Le Haut-Rhin.......	79e	9e
La Seine..........	86e	13e
La Seine-et-Oise.....	84e	14e

En reproduisant ces chiffres, le *Journal général de l'Instruction publique* (28 mars 1866) fait observer avec beaucoup de logique qu'il ne faut pas en tirer de conclusion contre l'enseignement primaire, mais bien contre la ridicule prétention de quelques statisticiens. Il suffit de réfléchir quelques instants, pour comprendre que les populations des grands centres industriels seront toujours et tout à la fois les plus lettrées et les moins morales.

La difficulté d'appliquer les chiffres statistiques dans les questions d'ordre moral ressort également des faits suivants : En 1856, M. Renoul (*Annales de la Société académique de Nantes*) a essayé d'établir la *statistique morale* de la France en faisant le relevé des naissances illégitimes. Il semblait qu'ici le mètre de la moralité fût assez bien choisi. Eh bien ! on n'a pas tardé à reconnaître que dans tel département où les naissances illégitimes sont très-peu nombreuses, les condamnations pour coups et blessures, meurtres, infanticides, offrent un chiffre fort élevé.

Pour en revenir à l'instruction primaire et l'apprécier à son véritable point de vue, nous conclurons en disant qu'il est aussi dangereux d'en négliger le développement qu'il est absurde de la considérer comme l'agent exclusif de la moralisation. Nous pourrions ajouter que les préoccupations qui s'y rapportent ne sauraient étouffer sans grand danger pour le pays le culte des études secondaires et supérieures peut-être plus nécessaires encore pour la gloire et les progrès de la France.

l'invasion du matérialisme et de l'abaissement des caractères, oubliant trop facilement que, dans le passé, les
illustrations scientifiques ont été le plus souvent des illustrations littéraires. Ah ! c'est qu'autrefois l'instruction
impliquait l'éducation, c'est qu'on ne détachait pas le cœur
de l'esprit, c'est qu'avant de former des savants, on
s'évertuait à former des hommes par une forte nourriture
littéraire et philosophique.

Mais je touche ici, Monsieur, au vif de la question.

IV.

A une époque où la jeune Amérique semble pour tant
d'imaginations un irréprochable modèle, il n'est pas sans
intérêt de savoir ce que déclarait récemment, dans une
conférence publique, un professeur de ce pays où l'esprit
utilitaire règne en souverain maître.

La science, dit le professeur Gould, ne semble digne
d'encouragement aux États-Unis que si elle se révèle
comme instrument d'un bénéfice pécuniaire. « La science
» médicale est uniquement soutenue par le besoin que les
» particuliers ont de l'art médical. Les recherches de la
» physique ne sont appréciées que par leurs applications
» les plus directes à la technologie ; les mathématiques,
» seulement dans leurs rapports palpables avec l'art de
» l'ingénieur, de l'arpenteur, ou avec quelque autre appli-
» cation pratique ; la chimie n'est considérée que comme
» la servante utile des fabriques et de la métallurgie, et
» l'astronomie n'est étudiée que pour les services qu'elle
» rend à la navigation. » Et après avoir essayé de démontrer à ses compatriotes que le meilleur moyen de réaliser
l'utile, c'est tout d'abord d'étudier la nature pour elle-
même, en s'élevant par la pensée au-dessus des intérêts

vulgaires, le professeur Gould déclare que, dans la vaste étendue de l'Union et à la honte de son régime social, « il n'y a pas une demi-douzaine de positions permettant à des hommes livrés aux travaux scientifiques de *gagner leur pain* en effectuant des recherches. » Telle est la conséquence nécessaire et fatale des idées qui ont cours en Amérique et dont l'influence contagieuse finirait par tuer en nous ce que la nature y a si généreusement prodigué, si nous n'y prenons garde.

Au lieu d'envier à l'Amérique des institutions et des goûts qui ne sont pas en rapport avec la délicatesse de nos instincts, au lieu de demander à l'Allemagne, comme nous l'avons fait depuis quelques années, des traditions et des méthodes, où le paradoxal et le nébuleux côtoient fréquemment la vérité (1), que ne cherchons-nous dans nos

(1) La science allemande n'est que trop entrée chez nous ; et nous ne parlons pas ici de cette science particulière qu'on vient de voir dirigeant des engins de destruction. Non ! Avant la crise qui a failli tuer notre pays, la France était déjà rongée par un ulcère germanique, dont elle n'a pas apprécié la gravité, mais qu'il faut aujourd'hui dévoiler hardiment, pour nous en guérir, s'il est possible.

Tous ceux qui s'inquiètent un tant soit peu de ce qui se fait hors de la France, savent qu'il y a, dans les intelligences allemandes, quelque chose d'obscur, de nébuleux et de diffus. Cette disposition native des esprits germains, qui imprime un cachet spécial et si facile à reconnaître à leurs ouvrages de littérature et de philosophie, se traduit également dans leurs œuvres scientifiques. Les savants allemands travaillent à peu près comme travaillaient nos Bénédictins : ils ont une patience admirable, une persévérance à toute épreuve ; ils scrutent avec la même conscience un fait de premier ordre ou un accident insignifiant ; ils compteront les poils d'une plante, passeront des journées à prendre, au microscope, la mesure d'un élément anatomique, et puis se perdront dans des considérations transcendantes.

Mais qu'on ne leur demande pas de passer leurs observations au crible d'une critique sévère, et de faire la part de ce qui est important et de ce

propres annales les salutaires tendances qui semblent faire défaut à notre mouvement intellectuel moderne ? Nous arriverions à reconnaître que, lorsque Bacon créait la physique expérimentale et entrevoyait le rôle de l'attraction universelle, il publiait les *Essais de morale* et se révélait comme élégant écrivain et penseur distingué. Descartes, qui résolvait en se jouant des problèmes de mathématiques d'un ordre si élevé et développait les ressources de l'algèbre, dotait la France de son *Discours sur la méthode*. Pascal, ce génie si éminemment français, et qui, pour être un savant, ne rougissait pas de croire en Dieu, mettait son cœur dans ses *Pensées,* sa verve dans les *Provinciales* et ses brillantes facultés d'analyse dans ses études de géométrie. Vauban, dont le nom est attaché à la défense de nos frontières — et ce souvenir n'est pas sans tristesse —

qui est accessoire ou même de nulle valeur. Cela sort de leurs aptitudes. Ils exposent tout sur le même plan, avec le même soin scrupuleux ; il s'ensuit que leurs ouvrages sont toujours fatigants, souvent illisibles, mais la plupart du temps excellents à consulter, comme on consulte un dictionnaire, un répertoire ou un recueil de lois.

L'intelligence gauloise est l'antipode de l'esprit allemand. Si les savants français ont moins de patience et de flegme, leurs qualités dominantes sont la clarté, le discernement, la critique. Le Français travaille moins ; mais il saisit plus vite, démêle en travaillant la valeur des faits, voit en général plus juste et s'exprime avec plus de précision. Tout ceci, du moins, était vrai il y a vingt ans.

Si nous nous étions contentés de recueillir les résultats des observations faites en Allemagne, en les soumettant, avant de les admettre, à l'épreuve de la critique française, la science eût, chez nous, considérablement gagné. Malheureusement nous ne nous sommes pas bornés à cela : ce ne sont pas seulement les découvertes allemandes que nous avons accueillies ; nous avons pris encore la manière de travailler et d'écrire des Allemands.

Au lieu de puiser au courant germanique, nous nous sommes laissé entraîner par lui. Si nous avions eu des universités libres, et qu'une d'entre elles eût été germanisée, les autres auraient réagi dans le sens national, et n'était pas seulement un illustre ingénieur ; et lorsqu'on jette les yeux sur les douze volumes in-folio qu'il publiait sous le titre de : *Mes oisivetés,* on est confondu d'y trouver tout à la fois des considérations profondes et multipliées sur les fortifications, la marine, la stratégie, le régime intérieur et même la religion.

C'est qu'à ces époques déjà lointaines, on avait en vue, dans l'éducation, le développement simultané des diverses facultés humaines. On ne regardait pas les sciences comme des *spécialités* dispensant de littérature. Le père de Pascal ne voulait pas que son fils s'occupât de géométrie avant d'avoir reçu la saine et fortifiante nourriture des lettres. Ces savants étaient-ils moins modestes, leurs vues manquaient-elles de profondeur, le fruit de leurs méditations était-il moins fécond ? C'est une question

le mal se fût arrêté ; mais, avec notre université unique et notre centralisation, les esprits, étant tous coulés dans le même moule, devaient recevoir à un degré égal la même impression ; l'influence teutonne devait gagner comme une épidémie, et il n'était pas possible de mettre une seule école à l'abri du germanisme.

Paris a donc été envahi à peu près en même temps que Strasbourg, et la France à peu près en même temps que Paris ; de plus, les sciences naturelles et la médecine ont été atteintes à la fois, et, aujourd'hui, qu'on prenne un des derniers mémoires d'anatomie végétale ou un traité récent d'anatomie humaine, si on ne sait pas d'avance le nom de l'auteur, il sera à peu près impossible de dire s'il a été écrit à Paris ou à Berlin.

Ne forçons pas notre talent.....

a dit le poète.

Il avait raison. En s'efforçant de vivre d'une vie étrangère, la science française a langui et baissé d'une effrayante façon. Il est donc sûr que, pour le moment, elle a plus à gagner qu'à perdre à la scission qui va s'opérer avec l'Allemagne : elle retrouvera son caractère national, elle cessera d'être copiste, et, en reprenant ses libres allures, elle ne pourra manquer de se fortifier et de se développer. (ED. BUREAU. — *Une Faculté de Médecine dans l'Ouest.*)

que je pose aux consciences droites et aux esprits impartiaux.

Des hommes fort éminents d'ailleurs et dont la sincérité ne saurait être suspectée traitent depuis longtemps de rêveries et de dangereuses chimères les doctrines qui auraient pour but de restituer à la France découronnée les éléments de son influence tombée, en rendant à l'enseignement public le caractère essentiellement littéraire qui fut longtemps sa gloire. Assez de latin et de grec, s'écrient-ils ; de la science, de la science, et encore de la science ! Oui, dirons-nous avec eux : de la science, mais de vraies méthodes pour l'inculquer. Oui, de la science, mais à la condition que les esprits auxquels vous la présenterez soient préalablement façonnés par cette instruction littéraire qui peut, jusqu'à un certain point, s'appeler de l'*éducation*, car l'âme y trouve son aliment en même temps que l'esprit. Oui, plus de science, dirons-nous enfin, mais de cette science qu'un observateur fervent de la nature inculque à ses disciples, et non de celle qui, condensée dans des programmes aussi ambitieux qu'effrayants, perd en portée sérieuse ce qu'elle semble acquérir par la multiplicité des matières. Je ne saurais mieux résumer ma pensée à cet égard qu'en disant : Faisons des hommes, des hommes d'abord, des savants ensuite, et la science n'y perdra rien.

Quoi ! me répondra-t-on, dans une époque de science, au milieu des transformations sociales qui s'imposent fatalement, vous reverriez un retour à cet enseignement aristocratique dont le peu qui a résisté ne jette que trop de déclassés sur le pavé de nos grandes villes ? Je me hâte de répondre que telle n'est pas ma pensée.

Ce n'est pas méconnaître son époque que de désirer pour l'enseignement du plus grand nombre une heureuse solidarité de ce qui est noble et de ce qui est utile. Ce n'est pas être hostile aux sciences que de rêver une jeunesse sachant moins et sachant mieux. Ce n'est pas, ajouterai-je, combattre la sainte cause du vrai progrès que de reprocher à l'enseignement scientifique moderne d'avoir complètement méconnu la nature humaine et surtout la nature française, en séparant systématiquement les sciences des lettres.

Eh bien, il faut le dire hautement, c'est en cherchant ainsi à créer l'*utile*, qu'on abaisse progressivement les esprits, qu'on exalte un fol orgueil (1). Puis viennent les

(1) Dans ce qu'on appelle en Allemagne les écoles *réelles*, l'esprit, étroitement utilitaire des municipalités et des corporations, avait organisé une sorte de croisade contre l'enseignement classique ; l'année 1830 fut surtout remarquable dans ce conflit. Il ne s'agissait plus seulement d'enseigner à l'enfance la tenue des livres, la *théorie du commerce;* mais aussi « l'art de fondre les métaux et de tourner le bois, » choses très-bonnes, mais à la condition de ne pas prendre la place de choses meilleures. Le Gouvernement prussien dut mettre un terme aux exigences de municipalités peu éclairées en contraignant les écoles à donner une *éducation* solide, c'est-à-dire une *instruction plus générale que spéciale,* et en réduisant pour leurs élèves la durée du service militaire à une année.

Les écoles avaient effacé de leur programme l'enseignement du latin, sans perdre les priviléges qui leur avaient été assurés. Mais un ministre de l'instruction publique, le savant M. Eichhorn, les contraignit de l'y établir. Cet homme d'Etat crut devoir l'exiger pour l'exercice de certaines professions, telles que celles de pharmacien, d'inspecteur des forêts, etc. Du reste, ces établissements ne sont pas tous taillés sur le même modèle : ainsi, dans les villes industrielles ou commerciales, on tend davantage à former des commis et des fabricants d'élite ; dans les écoles où l'on a plus en vue les fonctions administratives, l'enseignement se rapproche de l'instruction secondaire classique.

épreuves, et la mère patrie, jetant le cri de détresse dans les rangs nombreux de ses enfants, ne trouve plus que des esprits sans ampleur et des âmes desséchées par le matérialisme (1).

« Les écoles réelles, dit un Ministre prussien dans une circulaire officielle, ont pour mission spéciale de fournir une éducation *supérieure et scientifique* à ceux qui ne veulent pas aborder les études académiques. Par conséquent, ces établissements doivent viser, non à donner un enseignement industriel ou *technique,* mais à procurer aux élèves *le développement intellectuel qu'exigera plus tard une profession,* si l'on veut la connaître à fond. Et comme le présent ne peut être étudié avec fruit qu'en s'appuyant sur le passé, l'enseignement de l'école réelle devra toujours s'appuyer sur *l'histoire.* De même encore toute vraie science, toute véritable culture intellectuelle ne peut atteindre son entier développement qu'en s'appuyant sur la religion et sur le caractère national : donc , par conséquent, ces deux éléments doivent servir de *point de départ* aux écoles réelles. » (Barnard , *National Education in Europe.* New-York , 1854. — *Beleuchtung der Unter-richts-und Prüfungs-Ordnung der prussischen und hoheren Bürgerschulen,* von F. W. Looff. Leipzig , 1861.)

(1) On ne demandera pas, je le suppose, la preuve de ces assertions. On les réfutera moins encore, j'aime à le croire, en citant des programmes où il est parlé de *omni re scibili* et où, par conséquent, il est facile de trouver les éléments d'un enseignement complet. Hélas ! l'époque n'est pas aux joûtes de l'esprit, et les périls s'accumulent dans une proportion telle qu'il faut s'attaquer franchement aux faits bien avérés. Or, ces faits démontrent surabondamment le bien fondé de l'accusation que j'ai formulée. La vérité, la voici : On a voulu faire une génération imprégnée de connaissances purement techniques, apprendre à des enfants de douze à treize ans « le » langage des affaires » et leur faire tenir, à quatorze ans, une *main-courante* irréprochable, « étude des plus intéressantes et des plus propres, dit M. » Duruy, à former le jugement. » Dans un ordre d'enseignement plus élevé, on a abaissé l'enseignement littéraire autant qu'on l'a pu, limitant d'ailleurs dans une mesure presque insignifiante les preuves littéraires exigées des

Je ne croyais pas être prophète, lorsqu'il y a cinq ans, dans une solennelle réunion, après avoir exprimé le vœu que la démocratie gouvernât le monde de l'avenir « par l'ascendant du cœur et de l'esprit, » je cédais à je ne sais quel triste pressentiment, en me hâtant d'ajouter :

« A la théorie sans âme des appétits, il faut opposer la
» doctrine toujours jeune des devoirs et du dévouement;
» en regard des institutions qui ouvrent largement à tous
» la porte du succès, il faut entretenir le culte des
» enseignements féconds, qui complètent l'homme en
» le détachant, *dans une sage mesure,* du culte exclusif
» des intérêts..... En dehors de cette voie, vous aurez
» pu créer des cités commerçantes, des flottes nombreuses
» et des habitations confortables; tout ce qui est utile,
» vous l'aurez réalisé ; mais l'apparente virilité des popu-
» lations que vous aurez enseignées sera impuissante à
» masquer la grossièreté de leurs instincts, l'incivilité de
» leurs manières, l'égoïsme de leur politique et l'indigence
» de leur domaine intellectuel, et qu'un jour *l'idéal*
» vienne à passer et à leur tendre la main, elles le
» regarderont froidement, car elles auront oublié jusqu'à
» son nom. »

Cet idéal, c'était pour nous, Français de 1870, la résistance énergique à l'invasion des savants pillards de la Germanie, et après la défaite — puisqu'il entrait dans les desseins de la Providence de nous châtier — une patriotique

bacheliers ès-sciences. Et quant à l'enseignement supérieur, si après avoir été chargé de compositions de concours, son personnel n'a pas été voué, par ordre, à l'enseignement secondaire des filles, c'est qu'il a eu l'énergie de s'en défendre.

intelligence devait nous unir tous dans un sentiment commun de nos fautes et de nos légèretés.

La main sur la conscience, avons-nous été à la hauteur de cette double tâche ?

Au moment où le pays saigne par tant de blessures ouvertes, il faut songer, — il en est peut-être temps encore, — au grand travail de la reconstitution nationale. Il faut faire une génération à la hauteur d'un glorieux passé et ne pas oublier, comme vous le proclamez, Monsieur, avec une profonde sagesse, que « la France, énervée par » les révolutions, toujours occupée de la recherche stérile » de la meilleure forme de gouvernement, n'a donné » qu'une attention distraite à ses établissements d'ensei- » gnement supérieur. »

Oui, travaillons à ces choses, elles sont dignes de nous ; mais gardons-nous d'oublier que l'instruction par les sciences ne dispense pas de l'éducation par les lettres, et tout en condamnant, tout en réformant certaines routines qui ont jusqu'à ce jour dominé l'enseignement des langues, n'oublions pas encore une fois que si les arts et métiers demandent des intelligences, la France en pleurs cherche et veut des hommes.

V.

J'écris ces lignes à l'ombre des grands pins qui bordent la Vilaine. L'air est embaumé par la senteur enivrante des aubépines. Mes regards se promènent sur des prairies émaillées d'orchis, et, sous un doux soleil d'avril, l'or des ajoncs et des giroflées tempère la sévérité des vieux granits bretons. Et pendant que les horreurs de la guerre civile communiquent à mes pensées l'amertume du découragement, je ne sais quel apaisement émané d'une nature primitive et charmante fait rentrer en mon âme l'espérance prête à l'abandonner.

Redon, 15 avril 1871.

NANTES, Mme Ve C. MELLINET, IMPRIMEUR, PLACE DU PILORI, 5.